# はじめに

幼少の頃より私は梵鐘《ぼんしょう》の音で目を覚ます朝を迎えてきました。生活環境にはごくごく当たり前にお香《こう》の匂いが立ち込めていて、母親から手渡された数珠《じゅず》を手に、わけもわからず「なーまーんだーぶー」を口にする子ども時代を過ごしてきました。

私が生まれ育った真宗興正派《しんしゅうこうしょうは》の本山興正寺《こうしょうじ》は、京都駅からほど近い堀川通と七条通がちょうど交差するところにあります。

走り回っていた興正寺の境内《けいだい》には、野良猫をはじめタヌキやイタチ、シジュウカラやメジロなど多くの動物が訪問してきます。訪問してくる動物をながめながら、いつしか共に生きる彼らに親近感を抱き、「なーまーんだーぶー」よりも、アスファルトの合間でたくましく生き抜く彼らに興味を抱くようになりました。

動物の生態《せいたい》に強い関心を持った私は、高校を卒業したのち、京都を離れ、東京都武蔵野市《むさしのし》にある日本獣医生命科学大学の獣医学部に進学しました。私が大学時代を過ごした東京の部屋には、梵鐘の音もお香の匂いもありません。その代わりに、生きものの生や死について、人一倍考える多くの機会がそこにはありました。

自然の摂理《せつり》のなかに生きる動物の世界では、弱肉強食《じゃくにくきょうしょく》が基本です。今日、明日を生きていくためにみんな必死です。ライオンがシマウマを襲っているような映像をみなさんも見たことがあるのではないでしょうか。動物が大好きな私ですが、殺されているそのシマウマを見て涙を流すことはありません。ただ、これが生きること、そして死ぬことなのだと思い知らされます。

生まれてきて、死ぬ。いのちの不思議と美しさを、私はいつも動物から教わりました。けれども普段の生活に立ち戻ると、比較や競争の世界に縛られ、些細《ささい》なことに執《とら》われて、生きるいのちに向き合えていない私自身に気づかされます。

大学生活が終わり、京都に戻ってきてから、僧侶として毎朝お堂で読経《どきょう》をする私は、いまだに仏教とは何なのか、阿弥陀さまとは何なのかをうまく説明することができません。しかし、無邪気《むじゃき》な歳《とし》の頃とは違い、動物たちに教えてもらった「生きるいのち」に自問自答しながら、仏法に耳を傾ける日々をいま過ごしているところです。

動物は私を仏法の前に導いてくれた善知識《ぜんちしき》であり、私自身を照らしてくれる阿弥陀さまのような存在でもあります。この『生きものたちと仏教のはなし』は、そんな動物から教えてもらった「生きるいのち」と仏教を尋ねた私自身の足跡《そくせき》です。自問自答の足跡を公《おおやけ》にすることは恥ずかしいですが、年齢や職業を問わず、いろいろな方にサラリと読んでいただけたら嬉しく思います。

目次

## 共に生きる私たち

# いのちに学ぶ

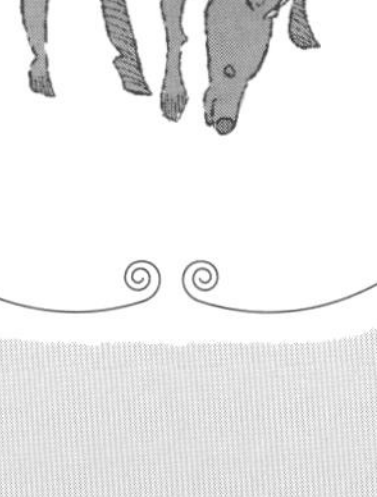

# いのちを育むはたらき

私は仏教系の大学ではなく獣医学部《じゅうい》を卒業し、動物実験をする研究室に所属していました。動物実験と聞いて残酷《ざんこく》だと思う方もいらっしゃると思いますが、私たちが享受《きょうじゅ》しているすべての人間医療《いりょう》は動物実験なしでは語ることができません。

学生のころから生きものたちの「いのち」を身近に感じてきたからこそ気づくことのできる「いのち」の世界があると思っています。本書ではそのような経験をもとに、私たち人間も含めた生きものと仏教にまつわる物語を綴《つづ》っていけたらと思っています。

## つながり助け合って「生きる」

さて、第一話は臓器《ぞうき》のお話からはじめていきたいと思います。臓器というと、胃や心臓などの内臓が思い浮かびますが、皮膚や脳なども臓器です。同じ生きものでも個体によって臓器の仕組みが違うことはご存じの方も多いでしょう。例をあげると、一部を除く魚類《ぎょるい》、昆虫を含む節足《せっそく》動物や、貝、タコ、イカ、クラゲなどの背骨を持たない無脊椎《むせきつい》動物には肺《はい》がありません。ではどうやって呼吸をしているのかというと、魚類は基本的にエラ呼吸、また昆虫を含む節足動物はさまざまな環境のなかで生活しているため、エラ、皮膚《ひふ》、気門《きもん》など多様で独自な呼吸方法を獲得《かくとく》しています。そして無脊椎動物は肺呼吸、エラ呼吸、皮膚呼吸など、個体によって異なった方法で酸素《さんそ》を体内に取り込んでいます。呼吸法だけとってもその方法によって、それにかかわる臓器は多種多様です。

臓器だけでなく外見も人間とはまったく異なった生きものたちですが、共通することが一つあります。それは生きものならば心臓や、心臓と同じようなはたらきをしている器官があるということです。〈生きている〉ことの元にはかならず心臓のはたらきがあります。けれどもこの心臓はそれ自体で動くことができません。心臓以外の臓器やさまざまなはたらきが加わり助けられて動くことができます。そして、その心臓の鼓動《こどう》によってほかの臓器も連動《れんどう》し連携《れんけい》して生きものは活動することができるのです。このことは実際に解剖《かいぼう》をしてみるとよくわかります。すべての臓器がつながり、助け合いながら、生きものの「生きる」と

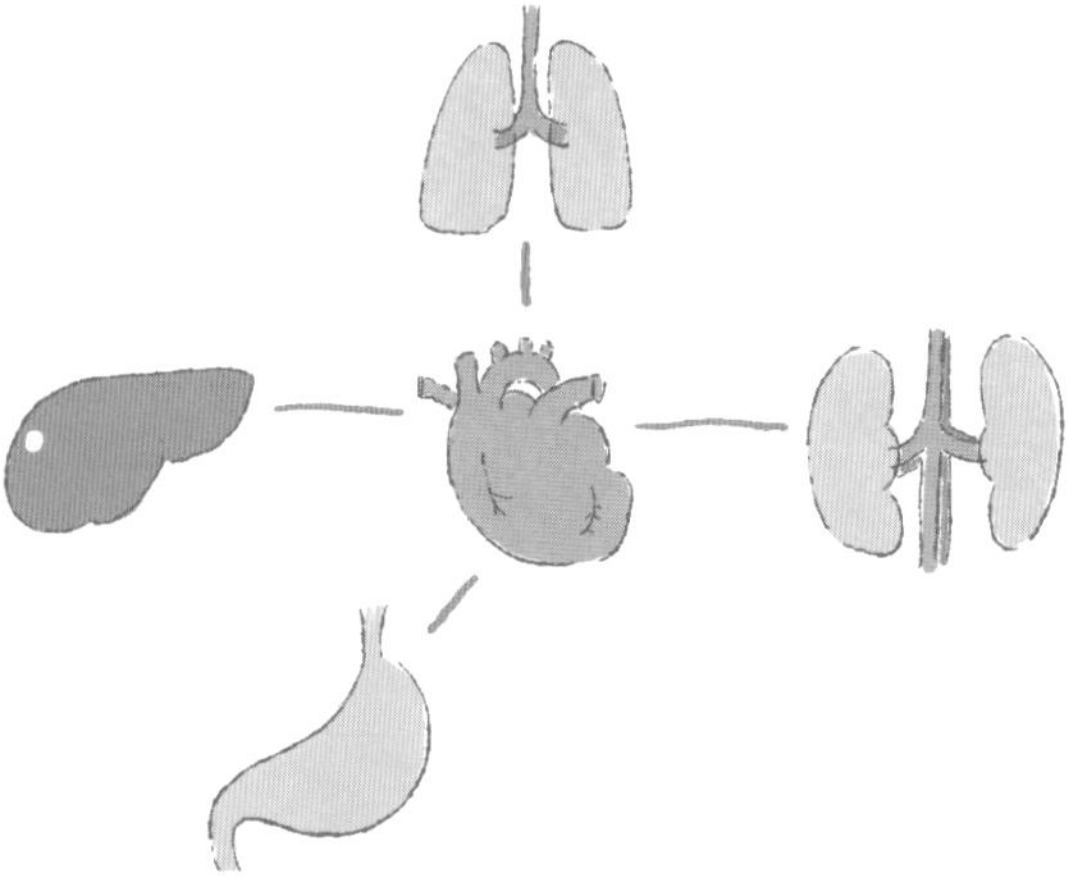

いう活動が生まれてくるのです。しかしそれは解剖でもしないかぎり実際に見ることができません。私たちの体内で活動している臓器は、私たちの意識など関係なく「生きる」というただ一つの目的のために、日々助け合い、支え合いながらはたらいてくれています。しかし、このような臓器の営《いとな》みによって「いのち」が育《はぐく》まれていることを、私たちは日々の生活のなかで忘れてしまいがちです。

私の「いのち」を育んでいるのは臓器だけではありません。自然の恵みを受け、無数の生きもののいのちをいただき、多くの人に支えられ育まれてある「いのち」を私たちは生きています。

## いのちを育む阿弥陀さまの世界

「育む」という意味でそれらを光として受け止めてみると無量光《むりょうこう》と呼ぶことができますし、育まれてある「いのち」は量《はか》ることができませんから無量寿《むりょうじゅ》と言いあらわすこともできます。無量光と無量寿を浄土真宗では阿弥陀《あみだ》と呼んでいきます。また、私たちに向かって「いのち」を育む阿弥陀の世界に目覚《めざ》めよと願いはたらきかけてくださっている仏《ほとけ》さまを阿弥陀仏《あみだぶつ》と呼んでいきます。私たちは、この阿弥陀仏のはたらきを通して育まれてある「いのち」に気づかされていくのです。南無阿弥陀仏《なもあみだぶつ》の歩みとは、育まれてある「いのち」への気づきにほかなりません。私たちはいま一度、南無阿弥陀仏の歩みを通して「いのち」を育むはたらきを見つめなおしてみるべきではないでしょうか。

# 有頂天な私たち

めだかのがっこうはかわのなか
そっとのぞいてみてごらん
そっとのぞいてみてごらん
みんなでおゆうぎしているよ

JASRAC 出 2300157-301

小学生のころに習《なら》った童謡《どうよう》「めだかの学校」。いま私たちが川をそっとのぞいても、めだかの学校を見ることはほとんどできません。めだかは、二〇〇三年に絶滅《ぜつめつ》危惧種《きぐしゅ》に指定されました。どうやら人間も含めた生きものたちの世界のバランスが少しずつ崩れているようです。

## 絶妙なバランスでつながるいのち

私たち人間が一日を生きるために必要なエネルギー（栄養＝活動する力）は、およそ一六〇〇～二〇〇〇キロカロリーといわれます。このエネルギーは「食べる」という行為によってのみ蓄《たくわ》えることができます。

では私たちを支えてくれているこのエネルギーは、そもそも誰が作り出してくれているのかというと、ほかでもない植物です。太陽の光を身に受けた植物が、光合成《こうごうせい》というはたらきを通して、エネルギーの源《みなもと》（有機物《ゆうきぶつ》）を生み出してくれています。草食《そうしょく》動物は、その植物を食べることによってエネルギーを蓄えて育ちます。また肉食《にくしょく》動物は、その草食動物を食べることによってエネルギーを蓄えて育ちます。動物が死ぬと細菌などの微生物《びせいぶつ》によって分解《ぶんかい》され、土の栄養分となり、植物のエネルギーとなっていきます。つまり、植物が生み出したエネルギーは、生きものの食べる、食べられるという関係のなかで鎖《くさり》のようにつながって伝達《でんたつ》され循環《じゅんかん》していくわけです。これを「食物連鎖《しょくもつれんさ》」と呼んでいます。

食物連鎖にある生きものの関係は、一般に食べられる側の生きものよりも、食べる側の生きものの数の方が少なくなります。草食動物が植物より増えてしまったら、食べ物がなくなってしまいますし、また肉食動物が草食動物より増えてしまったら、食べ物がなくなってしまい生きていくことができません。食物連鎖にある生きもののの関係は、食べる側の上位にいけばいくほど基本的に数は少なくなり、ちょうどピラミッドのような形で、絶妙なバランスの上に成り立っています。これを「生態《せいたい》ピラミッド」と呼んでいます。生態ピラミッドの頂点《ちょうてん》にいる生きものは生息《せいそく》する地域によって変わります。陸上でしたら、クマやオオカミ、ライオンやアナコンダなどがいますし、海洋の生きものでしたら、シャチやマッコウクジラ、磯《いそ》だとウツボやタコなどがあげられます。

しかし、この絶妙なバランスで成り立っている自然界の生態ピラミッドを壊している生きものがいます。それは私たち人間です。本来人間は、食べる側であると同時に、食べられる側でもあります。けれども、人間が作り出した社会によって私たちは、食べる側にのみ立ち、生態ピラミッドの頂点に君臨《くんりん》していると錯覚《さっかく》し、その数を増やし続けて、自然界のバランスを崩してしまっているのです。その結果、トラ、ニホンウナギ、クロマグロ、ゲンゴロウ、タガメ、メダカなど多様な生きものたちが絶

滅危惧種になってしまいました。

## いのちの足元を見つめるために

このように生態ピラミッドの頂点に君臨していると錯覚している私たち人間のあり様は、仏教の言葉で「有頂天《うちょうてん》」と呼び、最高の迷いの姿として説《と》かれます。有頂天とは、いのちのつながりから離れ、目を向けることもせず、自分ひとりだけ高きに上ることを善《よ》しとする考え方です。

私たちは、長い間、人間を中心とした社会を向上《こうじょう》させるために有頂天の歩みを進めてきました。有頂天の世界からは、なかなか立ち止まって自らのいのちの足元を見つめなおすこともできません。だからこそ、いのちのつながりに気づいてほしいと願ってくださっている阿弥陀仏のみ教えを通して、いのちの足元を見つめていける眼《まなこ》をいただいていくことが大切になるのです。

お念仏をいただく日々の生活のなかで、私たちのいのちの足元を流れる川をのぞいたときに、ふたたび、お遊戯《ゆうぎ》をしているめだかの学校に出会える日がくることを、私は心待ちにしています。

# ウシのようにお聴聞

「食べてすぐ寝るとウシになる」と子どものころによく言われました。食事をした後すぐに横になるのは行儀《ぎょうぎ》が悪いという戒《いまし》めです。たしかに、牧場へ行くと、草原で群《む》れをなし、大きな体で横たわるウシは、眠たそうに口をモグモグ、モグモグしています。行儀の悪い譬《たと》えとしてあげられたウシにはかわいそうですが、ウシにとっては栄養分を吸収するためのとても大切な作業です。

## ウシがモグモグするわけ

ウシの主食《しゅしょく》は牧草です。繊維質《せんいしつ》を多く含んだ草で大きな体を維持《いじ》するためには、人間や肉食動物とは異なった消化《しょうか》方法で栄養を取り込まなければなりません。まずは食べ物を口のなかで細かく嚙《か》み砕《くだ》き唾液《だえき》と混ぜ合わせて胃《い》へ送ります。一度飲み込んだ食べ物を口のなかに吐《は》き戻し、咀嚼《そしゃく》してふたたび胃へ戻します。この咀嚼して胃に戻す反芻《はんすう》を何度も繰り返すことで栄養を体内に取り込んでいくのです。ウシのモグモグタイムはまさに反芻の真最中ということになります。

ウシのような反芻動物の特徴は胃が四つあることです。胃全体の八割近くを占める第一胃は、微生物《びせいぶつ》や細菌類《さいきんるい》などの棲処《すみか》で、食べ物を発酵《はっこう》させ吸収しやすいように分解してくれます。じつは、ウシが何度も反芻するのは、食べ物と唾液をよく混ぜ、第一胃を中性《ちゅうせい》にすることで微生物などの住環境を整えているのです。モグモグタイムは、自分の体のなかにいる微生物などと共存するために必要な作業でもあるのです。第二胃は第一胃の補助的な役割を果たし、第三胃は第四胃へ食べ物を送る役割と一部の養分吸収を行います。私たち人間と同じ胃の役割を果たす第四胃は胃液を分泌《ぶんぴつ》して消化し、その後、小腸で養分が吸収されていくことになります。このように、ウシのような反芻動物は、一度口のなかにいれた食べ物を咀嚼し、反芻を繰り返して、何度も何度も味わいながら、自分の栄養にしていくのです。

## 私たちは「耳なれ雀」

ところで、咀嚼し、反芻を繰り返し、何度

も味わい、自分の栄養にしていく、このことは「仏法は聴聞《ちょうもん》にきわまることなり」とされる私たち真宗門徒にとって、とても見習《みなら》わなければならないお聴聞の姿勢のように感じます。

蓮如上人《れんにょしょうにん》の日頃のお言葉を集めた『蓮如上人御一代記聞書《ごいちだいききがき》』には、次のようなお言葉が記《しる》されています。

「おどろかすかひこそなけれ村雀《むらすずめ》　耳《みみ》なれぬればなるこにぞのる」、この歌《うた》を御引《おんひ》きありて折々仰《おりおりおお》せられ候《そうろ》ふ。ただ人《ひと》はみな耳《みみ》なれ雀《すずめ》なりと仰《おお》せられしと云々《うんぬん》。

稲《いね》をついばみにくる雀《すずめ》を追い払うための鳴子《なるこ》ですが、最初のころは驚き逃げていきます。しかし、次第に慣《な》れてまったく驚かなくなり、しまいには驚かすための道具である鳴子の上に止まる始末《しまつ》です。私たち念仏者も、はじめは感動していたお聴聞が、いつしか慣れて感動がなくなり「またあの話か」と他人事のように聴いてしまうときがあります。そんな私たちに向かって、蓮如上人は「ただ人はみな耳なれ雀なり」と戒《いまし》めてくださっているのです。

また蓮如上人の次のようなお言葉もあります。

「至《いた》りてかたきは石《いし》なり、至《いた》りてやはらかなるは水《みず》なり、水《みず》よく石《いし》を穿《うが》つ、心源《しんげん》もし徹《てっ》しなば菩提《ぼだい》の覚道《かくどう》なにごとか成《じょう》ぜざらん」といへる古《ふる》き詞《ことば》あり。いかに不信《ふしん》なりとも、聴聞《ちょうもん》を心《こころ》に入《い》れまうさば、御慈悲《おじひ》にて候《そうろ》ふあひだ、信《しん》をうべきなり。ただ仏法《ぶっぽう》は聴聞《ちょうもん》にきはまることなりと云々《うんぬん》。

軟《やわ》らかい水が何度も滴《したた》ることで硬《かた》い石に穴を開けるのです。仏法のみ教えが心の奥底まで徹《てっ》すれば、仏のさとりが成就《じょうじゅ》しないことはありません。仏法のみ教えになかなかうなずくことのできない者でも、自分事としてお聴聞をするならば、阿弥陀さまのお慈悲《じひ》のはたらきによって、まちがいなくうなずかせていただく身になるのです。ただ仏法は聴聞することに尽きるのです、と蓮如上人は教えてくださいます。

仏法をついつい他人事として聞いてしまう私です。「耳なれ雀」ではなく、阿弥陀さまのお心を咀嚼し、反芻を繰り返して、何度も何度も味わいながら、お聴聞を重ねてまいりたいと心を新たにしたいものです。

# 好きな動物は何ですか

「好きな動物は何ですか」と尋《たず》ねられたら、みなさんはどのような動物を答えるでしょうか。私は決まって「オオカミとシャチ」と答えています。理由は単純、強くてカッコいいからです。「強い」というのは、なにも単独で何者も恐《おそ》れず厳《きび》しい環境《かんきょう》を生き抜く力を具《そな》えているということではありません。オオカミもシャチも一頭《いっとう》のみで生きていくことは到底《とうてい》できません。群《む》れをなし、仲間と協力し合いながら生き抜いていくところにこそ、その強さが発揮《はっき》されるのです。

陸上で生活するオオカミも、海のなかで生活するシャチも、生活環境圏《せいかつかんきょうけん》で自分を捕食《ほしょく》するものがいない、生態《せいたい》ピラミッドの頂点《ちょうてん》に君臨《くんりん》する頂点捕食者《ちょうてんほしょくしゃ》の一員です。

## 世界一孤独なシャチ

オオカミには「一匹狼《いっぴきおおかみ》」という言葉があるぐらいですから、群れを離れたただ一匹で逞《たくま》しく生き抜く孤高《ここう》のハンターというイメージがあるかもしれません。けれどもオオカミは、基本的に「パック」と呼ばれる群れで生活をしなければ厳しい環境を生き抜くことができないのです。狩りになると、群れの仲間と協力しあいながら、何時間も執拗《しつよう》に獲物《えもの》を追いかけ、戦略的《せんりゃくてき》に狩りをすることで頂点捕食者の地位を獲得《かくとく》しています。

一方シャチはどうかというと、シャチもオオカミと同じで、「ポッド」と呼ばれる母親を中心とする血のつながった数十頭の家族の群れで基本的に生活をします。シャチの日本名は、魚偏《へん》に虎と書く伝説上の生物「鯱《しゃち》」からきています。学術名はラテン語でOrcinus orca（オルキヌス・オルカ）、「冥界《めいかい》の魔物《まもの》」と呼ばれ、英語ではよく

「Killer Whale（キラー・ホエール）」、「クジラ殺し」と呼ばれます。可愛《かわい》らしい容姿からは想像がつかない恐ろしい名前です。海のギャングとも呼ばれるシャチは、海洋哺乳類《かいようほにゅうるい》のなかで最も速い時速五〇キロメートルで泳ぎ、海面から四メートル以上も飛ぶことができるジャンプ力を持っています。狩りになると、優《すぐ》れた知能を駆使《くし》しながら抜群《ばつぐん》のチームワークで獲物を追い込み、魚はもちろんのこと、ペンギン、アシカ、サメ、クジラ、そして鳥までも狩っていきます。シャチもまた仲間と協力しながら共に生き抜くことで頂点捕食者の地位を獲得しているのです。

ところで、群れで協力し合いながら生き抜きその強さを発揮するシャチですが、最近、「世界一孤独なシャチ」としてカナダの水族館にいる一頭のシャチ、メスのキスカが話題になりました。三歳ごろに水族館へやってきたキスカは、四十年以上も水槽《すいそう》のなかで過ごしてきました。しかし、二〇一一年以降は、子どもも仲間も死んでしまい、水族館で生き残っている最後のシャチとなったのです。仲間との交流が一切なくなってしまったキスカは、極度《きょくど》のストレスから水槽のガラス側面に体を激しくぶつける自傷《じしょう》行為を繰り返すようになりました。本来、群れで生活をするシャチにとって、「孤独」というものは心身的《しんしんてき》苦痛をともなう耐え難いものなのです。

## 共にある世界

さて、群れで生きる私たち人間も同じではないでしょうか。頼《たよ》る者が誰もいない、共に歩む者がいない、まさに孤独を実感したとき、私たちは不安や恐怖を感じ胸の奥が苦しくなります。日常生活を送ることが困難になることだってあります。

源信僧都《げんしんそうず》が著《あらわ》された『往生要集《おうじょうようしゅう》』には、阿鼻《あび》（無間《むけん》）地獄《じごく》へ堕《お》ちていくさいに、罪人《ざいにん》が泣き喚《わめ》きながら次のような言葉を発する場面が描かれます。

われいま帰《き》するところなくして、孤独《こどく》にして同伴《どうはん》なし。

私はいま帰るところもなく、ただ一人で、友もなく、地獄へ堕ちていくのです。

地獄とは孤独なる世界なのです。仲間をすべて失い、狭《せま》い水槽のなかでこの先何十年もただ一頭で生き続けるキスカは、まさに地獄の苦しみを味わっている心持《こころもち》ではないでしょうか。

『仏説無量寿経《ぶっせつむりょうじゅきょう》』に「独《ひと》り生《うま》れ独《ひと》り死《し》し、独《ひと》り去《さ》り独《ひと》り来《きた》る」という言葉があります。そもそも私たちは、生まれてくるのも独り、死ぬのも独りです。なかなか私たちは孤独を受けいれることができません。しかし、孤独であること、弱き者であることを知るからこそ、支え合いながら生きていくことを求め、多くのものと共にあることを実感するのもまた事実です。孤独や

弱さを受けいれていくところから生まれてくる「共に在《あ》る」世界、これこそがじつは私たちを支える真実の「強さ」なのだと私は思うのです。

# 実験動物

「カテキンによる十二指腸潰瘍《じゅうにしちょうかいよう》の治癒効果《ちゆこうか》」。これは私が大学で書き上げた卒業論文のタイトルです。

十二指腸は、およそ指十二本分の長さで胃と腸をつなぎ、胃から送られてきた消化物《しょうかぶつ》をさらに消化して小腸へと送る役割をしています。十二指腸潰瘍とは、ストレスなどを含むさまざまな要因から、十二指腸が強い胃酸《いさん》の影響を受け、粘膜《ねんまく》がただれ、深いところまで傷つけられてしまった状態をいいます。またカテキンは、お茶を飲んだときに苦《にが》い、渋《しぶ》いと感じる成分で、植物ポリフェノール（光合成《こうごうせい》によってできる植物の色素《しきそ》や苦味《にがみ》の成分）の一種です。卒業論文では、抗炎症《こうえんしょう》効果が期待されるカテキンが、十二指腸潰瘍の治癒にどれほどの効果が認められるのかを実験結果に基づいてまとめました。

## 自分の都合のいいように

卒業論文を仕上げるためには実験を繰り返します。実験をするためには実験用のマウスが必要です。私が行う一回の実験で犠牲《ぎせい》になるマウスは八匹です。何度も実験を繰り返して多くのデータを取っていきます。そう、私の研究には実験動物の存在が欠かせませんでした。

そもそも実験動物という言葉をみなさんはご存じでしょうか。実験動物とは、実験・研究のために生産・飼育《しいく》される動物で、マウス、ハムスター、フェレット、ウサギ、イヌ、ミニブタ、サルなどがよく使われます。

じつは、食物であったり医薬品であったり、私たちの体に取り込むほとんどのものは何らかの形で実験動物の恩恵《おんけい》を受けています。たとえば、私たちが飲む薬は必ず毒性《どくせい》試験が行われます。これは致死量《ちしりょう》を調べるための試験です。実験動物たちは死ぬまで薬を与え続けられ、致死量に関する膨大《ぼうだい》なデータが集められていきます。またリンゴ一つをとってもそうです。リンゴを育てるために必要な農薬の開発にはかならず動物実験が繰り返されます。医学の発達や食の質的向上《しつてきこうじょう》は、このような実験動物たちの犠牲の上に成り立っていることもまた事実なのです。

私の家には犬が二匹、猫が一匹、亀が一匹います。この子たちを実験動物なんて目で見ることは私には到底《とうてい》できません。しかし、白衣《はくい》を着て、論文を仕上げるという使命感《しめいかん》に駆《か》られるとき、何らかのスイッチが入ります。かわいそうという感覚が消えてしまい、実験に没頭《ぼっとう》してしまうのです。我ながら恐ろしいなといつも思います。その場に合わせ、自分の都合のいいように動物たちをながめているのです。

## 人間以外の生きものに思いを及ぼすために

ところで、金子みすゞさんの有名な「大漁《たいりょう》」という詩があります。

朝焼小焼だ
大漁だ
大羽鰮の

大漁だ。
浜は祭りの
ようだけど
海のなかでは
何万の
鰮のとむらい
するだろう。

出典：矢崎節夫『みすゞコスモス――わが内なる宇宙』（ＪＵＬＡ出版局、一九九六年）

私たちは日常生活のなかで、ついつい「浜《はま》の祭り」だけに心を奪《うば》われ、なかなか「鰮《いわし》のとむらい」を想像することができません。
自分の都合のいいところだけを切り取りながめてしまう。そんな私たちの姿を親鸞聖人は「無明《むみょう》の闇《やみ》」とお示しくださいました。

阿弥陀さまのご本願《ほんがん》は「十方《じっぽう》の衆生《しゅじょう》」を救うために建《た》てられた願いです。衆生とは、生きとし生けるものを意味し、私たち人間だけを指す言葉ではありません。しかし、いつの間にか私たちは、人間と人間以外の生きものを区別して、人間以外の生きものに思いを及ぼすことができなくなってしまったように思います。

そんな無明の闇に生きる私たちだからこそ「十方衆生」と呼び掛けてくださる阿弥陀さまのご本願に身を任《まか》せていくことが大切なのではないでしょうか。「私とあなた」という日常の眼《まなこ》から「あなたと私」という世界に気づき、心を通わすことができたらとつくづく思うのです。

# 忘れられない大学時代の実習

今回は、大学時代に私が経験した忘れることのできない実習についてお話ししたいと思います。その実習とは屠殺場《とさつじょう》を見学するというものです。いまでもあの光景を鮮明《せんめい》に思いだすくらい衝撃的《しょうげきてき》な経験でした。これからお話しする内容は少し刺激的《しげきてき》な内容も含まれます。しかし、これまでお肉を食べたことがあるという方はどうか最後まで読んでいただければと思います。

## 牛がパックのお肉になるまで

「屠殺場」とは、牛や豚、鶏《にわとり》や馬などの家畜《かちく》を屠殺《とさつ》して解体《かいたい》し食肉《しょくにく》に加工する施設の名称です。日本では一秒間に二十四頭の家畜が食肉用に殺されています。私たちが普段食べている食肉は、スーパーなどで細かくされて売られています。当然、もとは牛や豚、鶏であったことは誰もが知っています。しかし、食肉がスーパーに陳列《ちんれつ》されるまでの過程は限られた人しか知りません。

私が見学に行ったのは牛の屠殺場でした。日本において牛は経済（産業）動物とも呼ばれます。経済動物とは、生産物が人間にとって有用なものとなる動物をいいます。つまり牛は、食肉用であれ、乳業《にゅうぎょう》用であれ、人間にとって有用であり、殺されるために生育されている動物ということになります。食肉用の牛たちは、肥育《ひいく》農家から繁殖《はんしょく》農家、屠殺場、加工場を経て、ようやく私たちが手に取るパックのお肉になっていくのです。

この食肉になっていく過程において牛が怪我《けが》をした場合、その怪我は「故障《こしょう》」とか「壊《こわ》れた」と呼ばれます。そして故障した牛は翌日に殺処分《さつしょぶん》されてしまいます。鎖《くさり》につながれた窮屈《きゅうくつ》な環境のなかで過ごし、怪我をしたら治療《ちりょう》もされず故障と呼ばれて殺処分されてしまう。私たちにはなかなか想像のできない環境《かんきょう》です。これはなにも畜産《ちくさん》農家の方が冷たいわけではありません。農家の方は、毎日早朝に起きて、一日のほとんどを何十頭といる牛たちのお世話で終えます。命に向きあう仕事ですから、もちろん休みなんてありません。手間暇《てまひま》、愛情をかけて育て、育てた牛をセリに送りだす。この気持ちを私たちが理解することはなかなかできません。畜産業はその仕事に誇りと、生きものたちへの愛情を持っていないとできない過酷《かこく》な仕事なのです。

さて、いよいよ屠殺される日がやってきます。「牛は自分の死期を悟《さと》ると泣く」と聞いたことがありますが、私たちが思う以上に牛は感情を持っています。出荷《しゅっか》のために柵《さく》から出されるとき、これから身に起こることを理解しています。牛たちは鼻につながれたロープから逃《のが》れようと必死に暴《あば》れ、鼻がちぎれ血を流し、目を血走らせながら抵抗《ていこう》していました。食肉用の牛が外の広い世界へ出られるのは、売りに出されるときと殺されるときです。

## 命をいただくということ

屠殺場は、血と消毒液と焦《こ》げた匂い、そして不安が入り混じった、いままで体感したことのない空気でした。すでに屍《しかばね》となり吊《つ》り下げられている仲間たちを見つめ、それまで暴《あば》れていた牛も大人《おとな》しくなり、その目はもう死を覚悟《かくご》しています。屠殺銃で失神《しっしん》させられた牛は、片足を釣り上げ逆さ釣りにされ、喉《のど》を切り裂かれ失血死させられます。なかにはまだ意識があり暴れる牛もいます。喉を切られるさいに意識が戻り鳴き叫ぶ牛もいるのです。このように屠殺場で解体された牛は加工場へ送られ、ようやく私たちの手元へ食肉が届くのです。

案内してくださった農家の方が最後にこのような話をしてくださいました。命を奪った生きものへの感謝、愛情の示し方は「おいしく食べること」そして「食べ残しをしないこと」です。

普段の生活ではなかなか気づくことのないところで、毎日動物たちのいのちと向き合っている人がいます。そのおかげで私たちは「いのちをいただくこと」ができているのです。私たち凡夫《ぼんぶ》は、自他ともに傷つけながら生活をしています。大切なことは、凡夫の自覚を通して、このいのちを支えている多くのものに目を向け、そして心を寄せる生活を大切にしていくことなのではないでしょうか。

# 不殺生戒も守れない私

仏教には在家《ざいけ》の仏教信者が守るべき基本的な五つの戒《いまし》めがあります。それを「戒《かい》」と呼んでいきます。一つには、生きものを殺さないこと（不殺生戒《ふせっしょうかい》）、二つには、盗みをしないこと（不偸盗戒《ふちゅうとうかい》）、三つには、男女の間を乱さないこと（不邪婬戒《ふじゃいんかい》）、四つには、嘘《うそ》をつかないこと（不妄語戒《ふもうごかい》）、五つには、酒を飲まないこと（不飲酒戒《ふおんじゅかい》）です。この五つの戒めを守れなかった場合は地獄《じごく》へ行くことになります。しかし、だからといって、私たちがこの五つをすべて守ることはなかなかできませんし、最初にあげられている不殺生戒を守ることさえ私たちには難しいことです。

肉や魚を食べないことだけを戒めることが不殺生戒ならば私たちはできるかもし

れません。しかし、仏教では山川草木《さんせんそうもく》にも生きているいのちを見ていく教えがありますから、野菜を食べても戒を破ることになります。またその野菜を育てる過程《かてい》においても、さまざまな生きものを殺しているわけですから、野菜を食べるということも殺生の上に成り立っているということになります。私が在籍していた大学の獣医学部では殺生をしなければそもそも研究ができませんし、単位がもらえません。ということで私は間違いなく地獄行きということになるでしょうか。

## 生きものを殺さずに生きていけるか

問題は、生きものを殺さずに生きていくことができない私たちに、ほぼ実現することのできないであろう「生きものを殺すな（不殺生）」という戒めが与えられているということです。一見矛盾《むじゅん》するようなこのことを私たちはよくよく考えなければなりません。

不殺生という戒めは、私たちに「生きものを殺してはいけない」という規範《きはん》を教えてくれます。また同時に、私自身の本性《ほんしょう》を暴《あば》き出すというはたらきを持っています。じつは、私たちは「生きものを殺すな（不殺生）」という戒めを通して、生きものを殺さずには生きていくことのできない自身の姿に気づくことになるのです。生きものを殺さずにはおれない罪悪《ざいあく》の深き私自身に出会うことになるのです。

## 合掌を通して感謝を伝える

ところで私たちは、お寺にお参りをした時や、仏さまを前にしたときに、両の手のひらを合わせて胸の前で合掌《がっしょう》をします。この合掌のもともとの語源は、サンスクリット語の「アンジャリ」という言葉で「捧《ささ》げる」という意味です。それが次第にいろいろな意味が加わり、感謝の念を捧げる、尊敬の念を捧げるというようにおもに目の前の相手に敬意《けいい》を捧げる宗教的行為として伝えられてきました。

合掌という行為は、食事のときにも行います。私たちは食事をするときに、合掌をして「いただきます」と口に出します。また食事を終えたときに、合掌をして「ごちそうさまでした」と口に出します。「いただきます」という言葉は、食事になることで犠牲《ぎせい》となったたいのちへの感謝の言葉であり、食事にかかわった多くの方々への敬意の言葉です。また「ごちそうさまでした」という言葉は、食事となるまでに走り回ってくださった多くの方々への感謝の言葉です。

私たちは、食事のときの合掌という行為を通して、殺生をしなければ生きていくことのできない私自身の罪悪の深さに気づき、食事となることで犠牲となった多くのいのちに心を寄せ、たくさんの人々の労力によりいま食事をすることができる、はかり知ることのできないおかげにたいして「いただきます」「ごちそうさまでした」と感謝の念《ねん》を言葉にして表現するのです。

不殺生という戒めを通して、日常の合掌という姿を通して、生かされてあるいのちの事実に目を向けることができればと、つくづく思うことです。

# いのち・科学、そして仏教

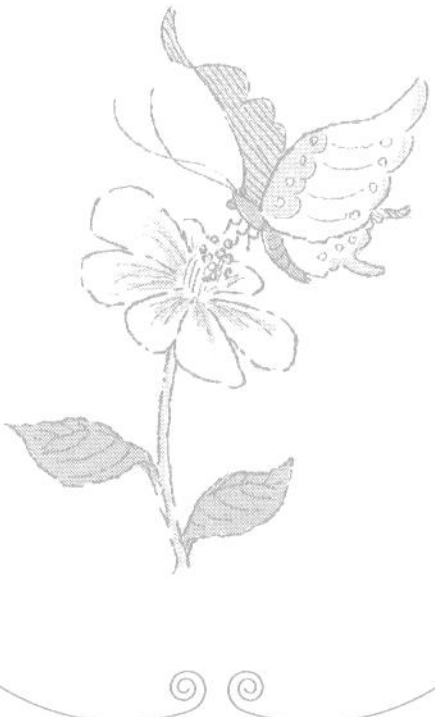

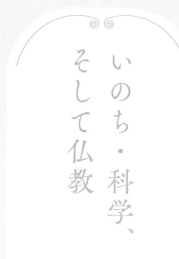

# エントロピー増大の法則

理科や数学を学んでいると、よく「〇〇の法則」だとか「〇〇の定理《ていり》」というものに出会います。たとえば、壁を押すと押した力と同じ力で押し返される「作用《さよう》・反作用《はんさよう》の法則」や、乗り物が急発進すると乗客は後方に倒れそうになる「慣性《かんせい》の法則」、また直角三角形の底辺の二乗と高さの二乗の合計が斜辺《しゃへん》の二乗に等しい「ピタゴラスの定理」などがそうです。これらはどれも中学生で習う法則や定理です。理科や数学の苦手な方は、法則や定理と聞いただけでもう読みたくないと思われるかもしれませんが、しばしお付き合いください。今回は〈生きものたちと仏教のはなし〉を少し離れて〈物理と仏教のはなし〉をしてみたいと思います。

## 部屋が散らかるのは自然の摂理

法則や定理を学んでいると、じつは仏教の考え方とすごく似ているのではないだろうか、と思うことがよくあります。理科や数学に興味のある方でしたら一度は聞いたことがある「エントロピー増大《ぞうだい》の法則」。この法則も少し見方を変えると仏教の考え方にとてもよく似ているように思います。

「エントロピー」とは「乱雑《らんざつ》さの尺度《しゃくど》」を意味します。身近なところで例えると、部屋が整理整頓《せいりせいとん》され片付いている状態をエントロピー（乱雑さ）が小さいと表現します。一方、部屋が整理整頓されず散らかっている状態をエントロピー（乱雑さ）が大きいと表現します。エントロピー増大の法則とは〈部屋を整理整頓しても時間とともに部屋が自然と散らかっていく〉という法則のことです。部屋の片づけができない方は安心してください。部屋が散らかっていくのは自然の摂理《せつり》です。言い換える

ならば〈この世界のあらゆる現象は、放っておくとエントロピー（乱雑さ）が大きくなる方向に進み、自発的に元に戻ることはない〉ということです。

たとえば、紅茶にミルクを注《そそ》ぐと、紅茶とミルクがミルクティーになるまで自然に混ざり合い、エントロピー（乱雑さ）が大きくなっていきます。そして、混ざり切ってしまう（エントロピーが最大化する）と、紅茶とミルクがふたたび自発的に分離することは決してありません。これがエントロピー増大の法則です。

ではミルクティーのなかで何が起こっているのでしょうか。肉眼《にくがん》でミルクティーをながめると、紅茶とミルクが一体になったように見えます。しかし、微視的《びしてき》（肉眼で見ることのできない物事）な世界からながめると、紅茶を構成している分子《ぶんし》と、ミルクを構成している分子とが、乱雑に関係しあいながら平衡《へいこう》（異なる気体・液体などが混じり合ったさいに、時間がたって均質に混じり合っている状態）を保《たも》っています。つまり、紅茶とミルクがお互いに関係し合いながら、バラバラ（乱雑）で一緒という世界を作り上げているのがミルクティーということになります。この〈バラバラでいっしょ〉という世界を作り上げていこうとする自然の摂理をエントロピー増大の法則と呼んでいくのです。ここまでくると、なんだか仏教の話のように聞こえてくるから不思議です。

## バラバラでいっしょの世界

阿弥陀さまのお浄土の様子が描かれた『仏説阿弥陀経《ぶっせつあみだきょう》』には、浄土に咲く蓮の花のありさまを次のような言葉で教えてくださいます。

池《いけ》のなかの蓮華《れんげ》は、大《おお》きさ車輪《しゃりん》のごとし。青色《しょうしき》には青光《しょうこう》、黄色《おうしき》には黄光《おうこう》、赤色《しゃくしき》には赤光《しゃくこう》、白色《びゃくしき》には白光《びゃくこう》ありて、微妙香潔《みみょうこうけつ》なり。

お浄土という世界は、私たち一人ひとりがお互いを認め合いながら、それぞれが持っている色、個性を目いっぱいに咲かせ、輝かせることのできる世界として示されています。つまり、阿弥陀さまは、お念仏を通して、バラバラの個性を互いに認め、ともにいのちを輝かせることのできる世界に気づいてほしいと願ってくださっているのです。阿弥陀さまのお念仏のみ教えも、エントロピー増大の法則も「バラバラでいっしょ」の世界を目指してはたらいているのです。

じつは科学が求めている自然の法則と、仏教が教えてくれている世界は、とてもよく似た世界を教えてくれているのではないだろうかと考えさせられます。こんなふうに考えるとなんだか科学と宗教っておもしろいなぁと思ってしまうのです。

ＬＵＣＡ（ルカ）という言葉を聞いたことがあるでしょうか。ＬＵＣＡは、Last Universal Common Ancestor（ラスト ユニバーサル コモン アンセスター）の略称で、いま現《げん》に生存しているすべての生物の「最終普遍《ふへん》共通祖先《そせん》」といわれているものです。つまり、私たちはＬＵＣＡと呼ばれるただ一つの祖先種《そせんしゅ》から進化してきたと考えられています。

## 生き残るために生まれた「死」

生命が地球上に誕生したのは約三十八億年前です。そのときの生物は、ただ一つの細胞だけでできている「単細胞生物《たんさいぼうせいぶつ》」です。単細胞生物は、オスもメスも存在しません。彼らは、細胞のなかにある一組のDNA（遺伝子《いでんし》情報が書き込まれた生物の設計図）をコピーし、分裂《ぶんれつ》を繰り返しながら増殖《ぞうしょく》します。ですから、単細胞生物の時代には「死」というもの自体が存在しませんでした。死というものが存在しないと聞けば、なんて夢のような話だと聞こえるかもしれませんが、そんな単純な話ではありません。

同じ遺伝子コピーを持った個体だけでは、劇的《げきてき》な地球の環境変化に対応することができず種《しゅ》が滅《ほろ》んでしまう確率が高くなります。そこで単細胞生物は生き残るために戦略《せんりゃく》を練《ね》ります。それは、単細胞生物同士で連結《れんけつ》し集団生活をするというものでした（「細胞群体《さいぼうぐんたい》」と呼びます）。連結することで運動能力がアップし、お互いの足りな

い栄養素を補《おぎな》うことができるわけです。

そのうえ連結したことで、彼らはお互いが持っているDNAを交換して、新しい遺伝子セットを持つ個体を生み出すことに成功します（「有性生殖《ゆうせいせいしょく》」と呼びます）。そうです。分裂ではなく「親《おや》」とは異なる新しい生命を誕生させたのです。

また、連結した単細胞生物同士はさらに結合し、複数の細胞で体が構成される多細胞《たさいぼう》生物を誕生させました。多細胞生物になることで、さまざまな環境へと進出でき、生き残る確率を上げることができます。じつは、この約十億年前に起こった単細胞生物から多細胞生物への「生き残る」という進化の過程において、生物は「死」というシステムを作り出したのです。

## 生と死は共にあるもの

細胞は、活性酸素《かっせいさんそ》や食物のなかの発ガン性物質、ウイルスやカビ、ストレスなどにより絶えずダメージを受け、傷つきガン化したりします。異常を起こした細胞が個体全体に害を及ぼさないために、また異常を起こした細胞の遺伝子情報を新しい生命に引き継がせないためにも、あらかじめプログラムされた細胞死《さいぼうし》（アポトーシス）が実行されます。この「アポトーシス」によって多細胞生物は種の絶滅《ぜつめつ》を防ぐことができるのです。多細胞生物は「生きる」ために「死ぬ」システムを作り出していったといえるでしょう。

私たち「ヒト」の体を作っている遺伝子は約二万三千個あり、大きく三つに分類することができるといわれます。①生きてゆくために必要な遺伝子、②自ら死んでゆく遺伝子、③子孫を残すための遺伝子。この三つがうまく働くことで私たちの生命が保《たも》たれています。私たちは「生」と「死」にかかわる遺伝子、つまり「生死一如《いちによ》のプログラム」を持つことで、いのちをつなぐ歴史を紡《つむ》いできたのです。

大谷大学の初代学長であった清沢満之《きよざわまんし》師は次のような言葉を述べておられます。

生のみが我等にあらず、死もまた我等なり。
我等は生死を並有するものなり。

私たちは自分の死をしっかりと見つめることで、はじめていのちの根本問題に遇うことができます。死は人生の終わりではなく、私たちはその死を受け入れていくことで豊かな人生を問うことできるのではないでしょうか。細胞が持つ「生死一如のプログラム」は私たちにそのことを教えてくれているように思います。

私たちの住む地球は「水の惑星《わくせい》」と呼ばれます。それは地表《ちひょう》のおよそ七〇パーセントが海でおおわれているからです。この豊かな大海原《おおうなばら》が地球上のすべての生きものを包み込み育《はぐく》んでいるのです。

四十三億年前、海が誕生したばかりのころは、二酸化炭素《にさんかたんそ》や亜硫酸《ありゅうさん》ガス、塩化《えんか》ガスなどが多く含まれた酸性《さんせい》の海水《かいすい》で、とても生きものが住める環境ではありませんでした。その酸性の海水が次第に地表のカルシウムや鉄、ナトリウムなどを溶《と》かし、現在のような弱アルカリ性の海水になっていきました。長い年月をかけ、単細胞《たんさいぼう》生物や多細胞《たさいぼう》生物が誕生し、藻類《そうるい》が生み出され光合成《こうごうせい》を行い、酸素《さんそ》が放出《ほうしゅつ》されて多種多様な生きものが誕生していきました。まさに海は生きもの誕生の故郷《こきょう》と呼べる場所です。

## ウミガメはなぜ故郷の海に帰ることができるのか

さて、生きものの進化の過程において、この故郷である海から陸へと出ていく生きものもあれば、逆に一度陸に上がって進化をしたけれどふたたび海へと帰ってきた生きものもいます。たとえば、クジラやイルカ、シャチなどで、彼らは魚のようなエラ呼吸ではなく、陸上生活の名残である肺《はい》呼吸をしながら海で生活をしています。

大海原を悠然《ゆうぜん》と泳ぐウミガメも肺呼吸をしながら海で生活をする仲間です。日本では童話「浦島太郎《うらしまたろう》」などにも登場するようにとても身近な海の生きものですが、現生《げんせい》する七種のほとんどがいま絶滅危惧種《ぜつめつきぐしゅ》に指定されています。世界的なウミガメの産卵地は、アメリカ東部やメキシコ、オーストラリア、日本などです。このうち日本は、北太平洋で唯一の産卵地《さんらんち》であり、ウミガメにとって大変貴重な産卵地となっています。

ウミガメの一生は生まれたときから危険と隣り合わせです。真夜中に砂浜《すなはま》で孵化《ふか》した子ガメたちは紫外線《しがいせん》を頼りに海へと駆《か》け出します。しかし、街灯《がいとう》に惑《まど》わされ、海とは反対方向に走り出してしまい車に轢《ひ》かれて死んでしまうこともあります。また砂浜では海鳥《うみどり》やカニなどに捕食《ほしょく》され、無事に海へたどり着いてもその多くは魚類などに捕食されてしまいます。近年では、漁業用の網《あみ》に引っ掛かり、息継《いきつ》ぎすることができずに溺死《できし》するウミガメも少なくありません。子ガメたちが大人になるまでに生き残れる可能性は五千分の一といわれます。大人になったウミガメは広大な海を回遊《かいゆう》し、数十年後に自分の生まれた故郷の海に戻ってきて交尾《こうび》をし、産卵します。

ところで、なぜウミガメはなんの目印もない広大な海で迷うことなく自分が生まれた砂浜に戻ってくることができるのでしょうか。それは地球から発せられている目に見えない地磁気《ちじき》を感じ取っているからです。ウミガメは、地磁気によって自分のいる場所を確認し、故郷固有の磁気特性に導かれながら生まれた海へと帰っていくのです。ウミガメにとって地磁気は、迷うことなく故郷へと導いてくれる大いなるはたらき、道しるべといったところでしょうか。

## お浄土はいのちの故郷

じつは私たちにもいのちの故郷へと間違いなく導いてくださる大いなるはたらきがあります。親鸞聖人は七高僧のお一人である善導大師《ぜんどうだいし》のお言葉を受けて次のようなお言葉を残してくださいました。

帰去来《いざいなん》、他郷《たきょう》には停《とど》まるべからず。仏《ぶつ》に従《したが》ひて本家《ほんけ》に帰《き》せよ。

さあ、帰りましょう。苦悩《くのう》多きこの娑婆《しゃば》世界にとどまるべきではありません。お釈迦《しゃか》さまの教えに従って、私たちの本当の故郷である阿弥陀さまのお浄土へ帰っていこうではありませんか。

親鸞聖人は、私たちのいのちの故郷は、阿弥陀さまのお浄土ですよ、と教えてくださいます。

ウミガメのように、帰る故郷があるからこそ私たちは人生の大海原へと旅に出ることができます。もちろん、旅の途中に傷つき、疲れ、苦悩することもあるでしょう。そんな私たちにとって、阿弥陀さまのお浄土は私たちを包み込み励《はげ》ます力となり、お釈迦さまのみ教えは故郷へと帰る道しるべとなるのです。ウミガメには故郷へと導く地磁気があるように、私たちには「釈迦・弥陀《みだ》の二尊《にそん》の御《おん》はからひ」（「親鸞聖人御消息《ごしょうそく》」）があるのです。

# 共に生きる私たち

# 一切有情はみな兄弟

私が通っていた獣医《じゅうい》大学の授業で、動物観《どうぶつかん》という学問分野にふれる機会がありました。それは人間が動物にたいして抱《いだ》く感情や行動などを研究する学問です。動物観は、歴史や文化などに影響され、国や地域によっても大きく異なります。私たちは、どのような動物観を持っているかによって、動物にたいする接し方や行動が変わってくるのです。

たとえば、日本の動物園や水族館の多くには、そこで一生を終えた生きものたちの霊《れい》を慰《なぐさ》め供養《くよう》するための慰霊碑《いれいひ》が建立《こんりゅう》されています。また医療《いりょう》大学や獣医大学などの研究機関の多くにも、教育と研究のために犠牲《ぎせい》となった生きものたちへの慰霊と感謝の気持ちを形に現《あらわ》した慰霊碑が建立されています。春・秋のお彼岸《ひがん》や動物愛護週間になると動物慰霊祭《いれいさい》が行われ、関係者や研究者、来園者などが集まり感謝と哀悼《あいとう》の祈りを捧《ささ》げます。

また身近な生きものを埋葬《まいそう》したお墓なども日本には数多くあります。たとえば、滋賀県大津市には、本願寺第八世蓮如《れんにょ》上人が毒入りの食事で殺されそうになったときに身代《みが》わりとなって命を救った義犬《ぎけん》の塚《つか》があります。

## 日本人の動物観

生きものの慰霊碑や塚を建立し慰霊祭が行われることは、日本においては珍しくありません。しかし一方で、日本以外の国ではほとんどみることができません。このような日本の文化が成立した背景には、人も動物も自然の一部であり、いのちの地平においては連続し仲間であるという動物観を日本人が持っているからだといえます。

さて、私も在学中には何度か慰霊祭に参加をしました。その際に「畜生回向文《ちくしょうえこうもん》」と呼ばれる次のような言葉をよく耳にしたのを覚えています。

若見牛馬猪羊《にゃくけんごめちょうよう》　一切畜生《いっさいちくしょう》　応心念口言《おうしんねんくごん》　汝是畜生《にょぜちくしょう》　発菩提心《ほつぼだいしん》

もし牛・馬・猪《いのしし》・羊などのすべての動物を見たならば、まさに心に念じて、口にいうべし。〈汝はこれ動物である、菩提心をおこすべし〉と。

これは鳩摩羅什《くまらじゅう》訳『梵網経《ぼんもうきょう》』に出てくる一節です。菩提心《ぼだいしん》（さとりを求める心）を発《おこ》すことができない生きものにたいして、私たち人間の側から〈菩提心を発せ〉と伝えているわけです。これによってどれだけの生きものが菩提心を発せているのか私にはわかりませんが、人間の側から成仏して欲しいという願いを込めて追善《ついぜん》供養を行っているわけです。

## 追善供養を否定した親鸞聖人

ところで浄土真宗では「供養」ということをどのように考えたらよいのでしょうか。『歎異抄《たんにしょう》』には次のような一節があります。

親鸞《しんらん》は父母《ぶも》の孝養《きょうよう》のためとて、一返《いっぺん》にても念仏申《ねんぶつもう》したること、いまだ候《そうら》はず。そのゆゑは、一切《いっさい》の有情《うじょう》はみなもつて世々生々《せせしょうじょう》の父母《ぶも》・兄弟《きょうだい》なり。いづれもいづれも、この順次生《じゅんじしょう》に仏《ぶつ》に成《な》りてたすけ候《そうろ》ふべきなり。

亡くなった父母の追善供養のためにお念仏をしたことは一度もありません。その理由は、父母を救うということは、いのちあるすべての生きものを救うことと同じです。愚《おろ》かで無力な私の追善供養で救い取ることなど到底《とうてい》できるはずもありません。だからこそ私自身が次の生では必ず仏となって、すべての生きものたちに仏縁をむすび、浄土へ導いていくことが大切になるのです。

と、親鸞聖人は述べておられます。

ここからもわかるように、親鸞聖人は、私たち生きている者の側からの追善供養という行為をはっきりと否定しています。自らの苦悩さえも解決できない私たち凡夫《ぼんぶ》が、すべての生きとし生けるものを供養し救い取ることなどできるはずもありません。親鸞聖人は『浄土和讃《じょうどわさん》』のなかで、

仏光照曜最第一《ぶっこうしょうようさいだいいち》　光炎王仏《こうえんのうぶつ》となづけたり
三塗《さんず》の黒闇《こくあん》ひらくなり　大応供《だいおうぐ》を帰命《きみょう》せよ

と述べられ、地獄《じごく》・餓鬼《がき》・畜生《ちくしょう》が抱える苦悩の黒闇《こくあん》を照らし打ち破る阿弥陀さまこそ供養するにふさわしい仏（大応供《だいおうぐ》）であるとお示しくださいました。「大応供に帰命《きみょう》

せよ」とあるように、真宗における「供養」とは、まさに私自身が阿弥陀仏に出遇っていくところからはじまるのです。阿弥陀さまを「大応供」として帰命していける歩みのなかにおいてこそ「一切有情はみな父母・兄弟なり」という、いのちの地平がはじめて開かれてくるのではないでしょうか。

# ペットは家族

獣医大学に在籍中、動物病院で実習する機会を得ました。動物病院には多種多様な生きものたちがやってきます。犬や猫、鳥だけでなく、ウサギやカメ、爬虫類《はちゅうるい》などもやってきます。病院にやってきた生きものたちを飼い主さんはみな一様に「うちの子」と呼びます。それに合わせて病院では、飼い主さんを「〇〇ちゃんのお父さん・お母さん」と呼んでいきます。そうです、ペットはいつしか人と住環境《じゅうかんきょう》を共にする「家族」になったのです。

## ときには人間以上に

もともと野生動物であった生きものが狩猟《しゅりょう》などのパートナーとして家畜化《かちくか》されたのは、およそ二万年前の新石器時代《しんせっきじだい》だといわれています。その後、定住生活《ていじゅう》になることによって実用的な目的であった家畜がその役割を終え、人間のもとで飼育されはじめるなかでペット（愛玩《あいがん》動物）としての生活を送るようになりました。日本においてもすでに『日本書紀《にほんしょき》』のなかに人間に飼育されていた忠犬《ちゅうけん》の物語が出てきますし、江戸時代になると一大ペットブームがわき起《おこ》ってきます。

日本においてペットが家族の一員となりはじめたのは、飼い主責任の徹底などが盛り込まれた「動物の愛護及び管理に関する法律」が施行《しこう》された一九九九年前後だといわれています。それにともない、一般社団法人ペットフード協会が二〇〇四年から実施している全国犬猫飼育実態調査によると、二〇〇四年に犬の室内飼育が六〇・一パーセントであったのに対し、二〇二〇年では八四・七パーセントと増加しています。つまりペットは室外飼育から室内生活を手に入れ、名実ともに飼い主と同居をする家族の一員になったわけです。いまでは犬の保育園、病院、老犬ホームなどがありますし、習い事もヨーガ、ダンスと多岐《たき》にわたります。

ときにペットは人間の家族以上に愛情を注《そそ》がれます。死別のさいには人間の死別以上に深い悲しみを感じ心身を病《や》んでしまう「ペットロス」も今日《こんにち》では深刻《しんこく》です。

こうなると「私が死んだらペットに遺産《いさん》を残したい」「うちの子のために盛大なお葬式を出したい」「同じお墓に入りたい」と思う飼い主さんが増えてきたことにもうなずくことができます。また「うちの子も極楽浄土《ごくらくじょうど》へ行けるのですか」とペットの死後を心配する飼い主さんの気持ちも十分に理解することができます。

## 仏さまのまなざし

浄土真宗では、これまでペットを含めた動物の葬儀の問題、浄土往生《おうじょう》の問題などを考える機会がほとんどありませんでした。その理由は、輪廻《りんね》思想にもとづいて、人間以外の動物は畜生道《ちくしょうどう》に堕《だ》した一段レベルの低い存在であり、人間の葬儀やお墓の問題、浄土往生の問題と同等に扱うことはできないと考えてきたところにあるように思います。

ところで、親鸞聖人が著《あらわ》された「正信偈《しょうしんげ》」には次のような一節があります。

蓮華蔵世界《れんげぞうせかい》に至《いた》ることを得《う》れば、すなはち真如法性《しんにょほっしょう》の身《しん》を証《しょう》せしむと。煩悩《ぼんのう》の林《はやし》に遊《あそ》んで神通《じんずう》を現《げん》じ、生死《しょうじ》の園《その》に入《い》りて応化《おうげ》を示《しめ》すといへり。

阿弥陀仏の浄土に至ることができれば、阿弥陀仏と同等のはたらきを身に具《そな》えることができます。そこではすべての世界を見通すことのできる仏の神通力《じんずうりき》をはたらかせ、六道輪廻《ろくどうりんね》の違いをしっかりと見極めて教化《きょうけ》していく身になるのです。

人間道と畜生道の違いをしっかりと見極《みきわ》めることができるのは、私たち凡夫《ぼんぶ》の眼《まなこ》ではありません。それは仏《ほとけ》さまの眼です。ペットを含む動物が極楽浄土へ往生できるのか、できないのか、それは凡夫である私たちにはじつはわからないことなのです。

また『無量寿経《むりょうじゅきょう》』には、

もし三塗勤苦《さんずごんく》の処《ところ》にありて、この光明《こうみょう》を見《み》たてまつれば、みな休息《くそく》を得《え》てまた苦悩《くのう》なし。寿終《いのちおわ》りての後《のち》に、みな解脱《げだつ》を蒙《こうぶ》る。

とあります。ここでは、地獄、餓鬼《がき》、畜生に住むものでも阿弥陀さまの光明に出遇うならばみな救われていくと述べられています。すべての生きとし生けるものを救いたいと願ってくださっている阿弥陀さまです。三塗の住人を救うために、凡夫である私たちにはわからない別の手立てをご用意してくださっているのでしょう。

私たちにとって大事なことは、ペットを含む動物の葬儀が必要か必要でないか、浄土へ往生するのかしないのかを問題にすることではありません。大事なことは、まず私自身がお念仏を通して阿弥陀さまのご本願に出遇い、浄土へ間違いなく生まれていくことができるのかということです。私自身がご本願に出遇うなかにこそ、ペットも含めた愛する家族との別れの悲しみを解決する糸口《いとぐち》があるように思います。愛する家族との別れは、残された者にとっていずれも深い悲しみに違いはありません。阿弥陀さまのみ教えを拠《よ》り処《どころ》としながら、区別することなく、深い悲しみを乗り越える道を共にたずねていくことが、お念仏に生きる私たちにおいてもこれからは大切なことなのではないでしょうか。

# 白毛のハルから教わったこと

いつどこで、最初に目にしたのか思い出せないのですが、ずっと心に残っている文章があります。いまインターネットで検索してみると、同じような文章がたくさん見つかります。私が覚えているのはおおよそ次のようなものでした。

人生八十歳と考えて、人が一生の中で出会う人の数はおよそどれくらいなのでしょうか。何らかの接点を持つ人は三万人、同じ学校や職場、近所の人は三千人、親しく会話を持つ人は三百人、友人と呼べる人は三十人、親友と呼べる人は三人。これらを確率に直すと、何らかの接点を持つ人は二十四万分の一、同じ学校や職場、近所の人は二百四十万分の一、親しく会話を持つ人は二千四百万分の一、友人と呼べる人は二億四千万分の一、親友と呼べる人は二十四億分の一という確率で出会っているのです。

「袖振り合うも多生《たしょう》（他生）の縁《えん》」という言葉があるように、人との出遇いすべてが、過去からの因縁《いんねん》のめぐり逢いと感じさせられるほど、じつは奇跡的《きせきてき》な確率の出遇いであり、その出遇いの積み重ねの上にいまの私が成り立っていることをこの文章は教えてくれます。

しかし、奇跡的な確率の出遇いは、なにも人間だけに限ったことではないはずです。家のなかで突如現れて私を驚かせる小さな虫から、外を散歩している犬、家の周りを走り回っている猫など、毎日、私たちは多くの生きものたちと出遇っています。生きものたちとの出遇いも含めるならば、それこそ天文学的な確率の出遇いに遭遇《そうぐう》しているということになるのです。

## ハルが人見知りのわけ

ところで、そのような天文学的確率で私の家に居《きょ》を構えている二匹の犬がいます。一匹は、人懐《ひとなつ》っこい黒虎毛《くろとらげ》のロク。もう一匹は、とても人見知《ひとみし》りな白毛《しろげ》のハルです。

ハルは、動物愛護センターから我が家にやってきました。動物愛護センターは、もともとは人間に飼われていたけれど人間の都合で捨てられ野良化《のらか》した生きものや、虐待《ぎゃくたい》された生きもの、野良になって繁殖《はんしょく》し野良化してしまった生きものなどを収容し保護する施設です。ハルは、飼い主に捨てられ、野良犬だったところを動物愛護センターに保護されました。捨てられたことにも気づかず、迷いながら、あるときは牙《きば》をむき、あるときは震《ふる》えながら食べ物を探し続けて、自分の力だけを頼りにハルは生き抜いてきました。

動物愛護センターから我が家にやってきたとき、ハルは、不信感《ふしんかん》から人間を怖《こわ》がり触《さわ》らせてもくれず、震えながらソファの下へ身を隠し、餌《えさ》もほとんど食べませんでした。そんなハルに私ができることはただ名前を呼ぶことだけです。毎日ハルの名前を呼び続けながら静かに寄り添い見守る日が長く続きました。

そんなある日、名前を呼ぶ私の声がはじめてハルに届いたのがわかりました。私が名前を呼ぶと、ソファの下から耳をそばだて、ゆっくりと這《は》い出し、這い出したままの姿でほんの少しだけ私に身を委《ゆだ》ねてくれたのです。ハルは、しっぽを小刻みに振りながら、自分の名前を呼び続ける私の声を聞き、受け入れてくれたのです。

## 私の名前を呼び続けてくださる阿弥陀さま

ハルをそっと抱きしめながら、私もハルと同じだなぁと考えさせられます。私にも名前を呼び続けてくださる御方《おかた》がいたのです。

親鸞聖人の『浄土和讃』には次のような一節があります。

十方微塵世界《じっぽうみじんせかい》の
念仏《ねんぶつ》の衆生《しゅじょう》をみそなはし
摂取《せっしゅ》してすてざれば
阿弥陀《あみだ》となづけたてまつる

十方の数限りない世界にいる念仏の衆生《しゅじょう》をご覧になり、その者たちを摂《おさ》め取り決して見捨てることがありません。だから阿弥陀仏と申し上げるのです。

阿弥陀さまは南無阿弥陀仏の声となり、あなたを救わずにはおれないと遠い過去《かこ》世《せ》から呼び続けてくださいます。しかし、いくら呼び続けられても阿弥陀さまの声に背を向けなかなか受け入れることのできない私がいます。こんな私にでさえ諦《あきら》めることなく、見捨てずに呼びかけ続けてくださる親《おや》さまがいてくださったのです。阿弥陀さまの南無阿弥陀仏の呼び声にすでに私が包まれてあったことを、天文学的な確率で出遇ったハルから教わった気がします。

# 家猫のしらたま

二〇一九年六月、一匹の野良子猫《のら》は、我が家にやってきて家猫《いえねこ》になりました。名前はしらたまです。

興正寺《こうしょうじ》の敷地内《しきちない》は、私が子どものころから野良猫のたまり場でした。どこからともなく家のなかに入ってきては、窓際《まどぎわ》で日向《ひなた》ぼっこをしていることもままありました。

## 親に捨てられた子猫

梅雨《つゆ》の晴れ間であったそのときも、玄関付近で集まる一組の野良猫家族に出会いました。猫は、基本的に母親が一匹で子育てをします。授乳《じゅにゅう》する母猫の周りには、三匹の茶虎《ちゃとら》と一匹の白黒の子猫が寄り添っていました。ただ気になることは、三匹の茶虎の子猫が母乳を勢いよく飲んでいる横で、一匹の白黒の子猫が母乳を飲まずに鳴き続けていることでした。

数日後の雨の日、玄関付近の軒先《のきさき》で雨宿《あまやど》りをしながら横たわり授乳する母猫を見つけました。けれどもよく見ると、一匹の白黒の子猫が雨に濡《ぬ》れながらか弱く鳴いています。白黒の子猫は、母乳を飲むために母猫にゆっくりと近づきました。次の瞬間、母猫は白黒の子猫をパシッと前足で威嚇《いかく》して、母乳を飲ませようとはしません。母猫の育児放棄《いくじほうき》でした。

野良猫の母親は、自身が若く育児の仕方がわからない場合、人間の匂いが付いた子猫にたいして警戒心《けいかいしん》を抱《いだ》いた場合、子猫が弱く育たないと判断した場合などは、我が子を捨てる、育児を放棄するという行動をとります。このような育児放棄は、多くの野生動物にみられることで、自然界の厳しい現実なのです。

私は育児放棄され弱った白黒の子猫を抱え、病院へと連れていきました。ミルクや薬を与えると、数日後には元気を取り戻し、リビングで大の字になって寝ていました。これがしらたまです。

しらたまは猫ですから、もれなく狭いところが大好きです。あるときは自分よりも小さな紙袋のなかに身を隠し、あるときは本棚の本と本とのわずかな隙間《すきま》に挟《はさ》まれて、どのようにしてその場所へ入ることができたのかと思うようなところから、気配《けはい》を消してこちらの行動をじっとながめています。

私たちの身近にいる猫は、もともと砂漠《さばく》やサバンナなどに生息《せいそく》するリビアヤマネコが原種《げんしゅ》です。砂漠のなかで外敵から身を守る防衛本能《ぼうえいほんのう》や、狭いところから隠れて狩りをする狩猟《しゅりょう》本能などから狭い場所を好みます。狭い空間を通り抜けたり、居座《いすわ》ったりする場合、猫の持つ体の柔軟性《じゅうなんせい》が本領《ほんりょう》を発揮《はっき》します。

猫の体は、約二百四十個の骨で構成されており、人間よりも四十個ほど多くあります。骨が多いということは、それだけ可動《かどう》する箇所《かしょ》も多くなります。また骨と骨とをつなぐ関節《かんせつ》が緩《ゆる》やかで、とくに肩の関節は鎖骨《さこつ》が退化《たいか》して小さいためにとてもよく可動します。加えて内臓の位置を前後に移動させることができるため、頭さえ入れば空間のサイズに任《まか》せて、絶対に通れないと思う場所でも通り抜けることができてしまうのです。猫特有の柔軟性は、生き抜くために進化して身に具《そな》わった術《すべ》なのです。

## 柔軟であること

ところで、仏教においてもじつは身心に具えるものとして柔軟性がとても大切だと教えられます。

それ衆生《しゅじょう》ありて、この光《ひかり》に遇《もうあ》ふものは、三垢消滅《さんくしょうめつ》し、身意柔軟《しんいにゅうなん》なり。歓喜踊躍《かんぎゆやく》して善心生《ぜんしんしょう》ず。

『仏説無量寿経《ぶっせつむりょうじゅきょう》』には、阿弥陀さまのみ教えに出遇うものは、貪欲《とんよく》（むさぼり）・瞋恚《しんに》（いかり）・愚痴《ぐち》（おろかさ）が消滅し、身も心も和《やわ》らげ柔軟《にゅうなん》にして喜びに満ちあふれます、と説かれています。「柔軟」とは「不二《ふに》」とも表現され、「分別《ふんべつ》しない」という意味です。

私たちは、分別する生きものです。正しい正しくない、良い悪い、多い少ない、勝った負けたなど、自己中心的な眼《まなこ》で分別し、ときに価値を押し付け、聞く耳を持たず、片意地《かたいじ》をはって、すんなり通り抜けることのできることでも、ぶつかり合ってしまう。そんな意固地《いこじ》な私たちに向かって阿弥陀さまは、「柔軟」が大事と、どちらか一方だけに固執《こしつ》しない見方を教えてくださるのです。

私の肩は可動域を広げることはできません。内臓を移動させることもできません。阿弥陀さまのみ教えに照らされながら、凝《こ》り固まった心身を少しでもほぐしていけたらなぁと、今日もまた隙間からこちらを窺《うかが》う家猫のしらたまをながめながら思うのです。

# さるべき業縁のもよほさば

大阪市天王寺区《てんのうじ》にある天王寺動物園は、東京の上野動物園（明治十五年開園）、京都の京都市動物園（明治三十六年開園）に続いて、大正四（一九一五）年に開園した日本で三番目に古い動物園です。この天王寺動物園では、毎年夏の時期になると動物のはく製がたくさん並べられた企画展が開催されます。ライオン、トラ、ヒョウ、ハイエナ、ホッキョクグマなど、普段は檻《おり》を隔《へだ》ててしか見ることのできない動物を間近《まぢか》で見ることができます。

## 戦争で犠牲になった動物たち

この企画展の名前は「戦時中の動物園」。その企画展で展示されるはく製は、第二次世界大戦中に天王寺動物園で人間によって殺された動物たちです。

戦争で犠牲《ぎせい》になるのは人間だけではありません。動物たちもまた犠牲になります。第二次世界大戦のとき、日本では、軍事利用された軍馬や軍用犬、軍用鳩《はと》をはじめ、毛皮や食料とするために犬猫献納《けんのう》運動として多くの犬や猫が供出《きょうしゅつ》されました。そして、動物園でも多くの動物が犠牲になったのです。

戦時猛獣《もうじゅう》処分。これは空襲《くうしゅう》などで檻が破壊《はかい》され、動物園の猛獣が逃亡し、人々に危害を及ぼすことを未然《みぜん》に防止する目的で殺処分《さつしょぶん》することです。これ以外にも、戦時猛獣処分には、「戦争中に動物をかわいがっている暇《ひま》などない」「食糧難の時代に動物に餌《えさ》を与えるな」という声に応《こた》える目的や「動物だって犠牲になっているのだから人間も頑張《がんば》れ」といった国民の戦意高揚《せんいこうよう》という目的もあったといわれています。

私が戦時猛獣処分をはじめて知ったのは、小学生のときに読んだ『かわいそうなぞう』や『そして、トンキーもしんだ』という絵本でした。これは上野動物園で猛獣殺処分となったゾウの物語です。

猛獣殺処分は昭和十八年八月の上野動物園を皮切りに、仙台市動物園、名古屋市東山動物園、天王寺動物園、京都市動物園、高松市栗林《りつりん》公園動物園（現廃園）、鹿児島市鴨池《かもいけ》動物園（現鹿児島市平川《ひらかわ》動物公園）など国内の多くの動物園に加え、サーカス団の猛獣にも波及《はきゅう》していきました。銃《じゅう》を使うのは銃弾《じゅうだん》がもったいないなどの理由から、毒薬を混ぜ込んだ餌が与えられました。なかには毒餌《どくえ》に気づき吐き出して食べない動物もいます。毒餌を食べなかったヒョウはワイヤーで絞殺《こうさつ》され、ライオンは絶食後に槍《やり》で刺殺《しさつ》されました。上野動物園にいた三頭のゾウは毒餌を食べないため、絶食での殺処分となりました。餌を与えられないなかで、信頼する飼育員の姿が少しでも見えると、ゾウたちは痩《や》せこけた体を起こし、両足を高く持ち上げ芸を披露《ひろう》して餌をねだるのです。空腹と苦悶《くもん》に満ちたなかで三頭のゾウは餓死《がし》していきました。

このように猛獣殺処分によって犠牲となった動物たちは「時局捨身動物《じきょくしゃしん》」と名づけられました。そして、各地の動物園では慰霊祭《いれいさい》が執《と》り行われていったのです。

## 私たちの正義は「そらごと」「たわごと」

さるべき業縁《ごうえん》のもよほさば、いかなるふるまひもすべし。

これは『歎異抄《たんにしょう》』に記《しる》された親鸞聖人のお言葉です。もしそうせざるを得ない状況に置かれたならば、どのようなふるまいもしかねない、非道《ひどう》なことでさえやりかねない私です。

煩悩具足《ぼんのうぐそく》の凡夫《ぼんぶ》、火宅無常《かたくむじょう》の世界《せかい》は、よろづのこと、みなもつてそらごとたはごと、まことあることなきに、ただ念仏《ねんぶつ》のみぞまことにておはします。

私たち人間は、自分の考えが正しく常識的で、反対する相手の考えが間違いで非常識だとする自己中心的なあり方を根深く抱《かか》えています。そしてその常識、非常識は、時と場所によってころころと姿を変え、場合によっては「いかなるふるまひもすべし」身となるのです。私たちの振りかざしている正義は、煩悩《ぼんのう》に根差《ねざ》した「そらごと」「たわごと」です。だからこそ、阿弥陀如来の真実のはたらきに導かれることの大切さを親鸞聖人はお示しくださるのです。

動物たちは生きものを殺して食べても、戦争はしません。戦争をするのは、この人間だけなのです。「戦時中の動物園」を見終わった私は、このようなことを考えながら、電車に揺られて京都に戻ってきました。

# 環境エンリッチメント

私、本当は動物園や水族館が少し苦手なんです。子どものころは、どこへ遊びに行きたいかと聞かれたら、迷うことなく動物園や水族館と言っていたほど大好きな場所でした。けれど、動物が大好きで、もっと動物について知りたいと獣医大学へ進学したものの、大学で学べば学ぶほど、動物園や水族館という場所を素直《すなお》に楽しむことができなくなってしまいました。

## 野生動物のらしさを引き出す

子どものころに見た、檻《おり》のなかを右へ左へとぐるぐる歩き続ける百獣《ひゃくじゅう》の王たる威風《いふう》堂々《どうどう》としたライオンの姿には、強いものにたいする憧《あこが》れと畏敬《いけい》の念を抱きました。水槽《すいそう》のなかでイルカが壁《かべ》に頭をぶつけてUターンし泳いでいる様子は、一人で楽しそうな遊びを見つけて泳いでいるなと見入っていました。

しかし、大学で動物行動学を学んだとき、かつて見たそれら動物の行動が、じつは動物園や水族館で飼育《しいく》されている動物特有の異常行動であることを知ったのです。

檻のなかを同じ速度でぐるぐる回っているライオンの行動は常同《じょうどう》行動と呼ばれる異常行動の一つです。自らの頭部を壁にぶつけているイルカの行動は、自傷《じしょう》行為に分類される異常行動の一つです。それ以外にも、繁殖《はんしょく》行為ができない繁殖障害や、正常な体重増加が見られない発育障害など、動物園や水族館というコンクリートで覆《おお》われた狭《せま》い空間で飼育されている動物には、このような障害や異常行動がよく見られるのです。

野生動物は、厳しい環境で生き抜くためにその環境に適応しながら進化をします。たとえば、キリンの首が長いのは、草原で遠くの敵をいち早く発見するためであり、ほかの動物が取れない高い所にある餌《えさ》を食べるためです。敵に注意を払いながら、キリンは一日に長いときで十八時間くらい食事をしています。しかし、動物園では敵に襲われることもなく、決まった時間に飼育員から餌が与えられます。警戒《けいかい》しながら、餌を探し、取るという本来の採食《さいしょく》行動ができず、食事をする時間も短いうえに、キリンの特性である長い首を活用することもできません。特性を生かすことのできないこのような環境は、動物たちにストレスを与え、異常行動を引き起こす原因にもなりうるのです。

みなさんは、一九九〇年代ごろより日本の動物園や水族館でも取り入れはじめた「環境エンリッチメント」という取り組みをご存じでしょうか。動物園での飼育環境は、本来の生息《せいそく》地域の環境と比べると、狭く、単純で、変化の乏《とぼ》しい環境です。そのためストレスが溜《た》まり、異常行動が現れ出てしまいます。そこで、動物の福祉と健康の立場から、飼育環境に刺激《しげき》や選択《せんたく》の余地《よち》を与え、動物の望ましい行動やその動物のらしさを引き出すため、環境を豊かで充実《じゅうじつ》（エンリッチ）したものにしていこうとする取り組みが進められています。それが「環境エンリッチメント」です。

ライオンには、骨抜きなどの下処理された肉を定時に与えるのではなく、皮や骨の付いた鹿《しか》の足を一本与え、餌を隠して探索《たんさく》できるようにすることで、肉食動物としてのらしさを引き出します。また無機質《むきしつ》なコンクリートで覆われた飼育場から、岩場《いわば》や木陰《こかげ》、遊具などが設置された飼育場に環境を変えることで、それぞれが持っている動物のらしさを引き出し育《はぐく》んでいきます。つまり「環境エンリッチメント」とは、それぞれの動物が本来持っている「らしさ」を育む環境改善の取り組みということがいえるでしょう。

## お念仏のある環境は真宗の環境エンリッチメント

では、私たちにとっての人間らしさを育む「環境エンリッチメント」とは何だろうかと考えてしまいます。真宗大谷派の僧侶であった信國淳《のぶくにあつし》先生が次のような言葉を述べておられます。

わかってもわからんでもいいから、お念仏申しなさい。
そしてお念仏によって育てられなさい。

真宗では聞法することをよく「如来《にょらい》のお育《そだ》てにあずかる」といいます。お念仏が何であるかを知らなくても問題ありません。お念仏が私を育ててくださるのです。お念仏がわかってもわからなくても、お念仏のない環境から、お念仏のある環境に身を置くこと、それがじつは真宗の「環境エンリッチメント」の取り組みなのかもしれません。

私はまだまだお念仏がわかりませんし、むしろ苦手です。苦手な私がなぜかお念仏のただなかに身を置いていています。まさにいま私は「環境エンリッチメント」に取り組んでいる最中《さいちゅう》といったところでしょうか。

## 生きものたちを もっと知るためのブックガイド

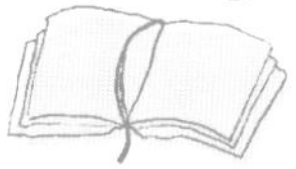

- 中村進一著『獣医病理学者が語る動物のからだと病気』（緑書房、２０２２年11月）
- ジュールズ・ハワード著／中山宥訳『動物学者が死ぬほど向き合った「死」の話――生き物たちの終末と進化の科学』（フィルムアート社、２０１８年11月）
- 板垣栄洋著『生き物の死にざま』（草思社文庫、２０２１年12月）
- 板垣栄洋著『生き物の死にざま――はかない命の物語』（草思社文庫、２０２２年２月）
- バーバラ・Ｎ・ホロウィッツ著／キャスリン・バウアーズ著／土屋晶子訳『ＷＩＬＤＨＯＯＤ（ワイルドフッド）野生の青年期――人間も動物も波乱を乗り越えおとなになる』（白揚社、２０２１年10月）
- ポール・ナース著／竹内薫訳『ＷＨＡＴ ＩＳ ＬＩＦＥ？（ホワット・イズ・ライフ？）生命とは何か』（ダイヤモンド社、２０２１年３月）
- エドワード・Ｏ・ウィルソン著／小林由香利訳『ヒトの社会の起源は動物たちが知っている――「利他心」の進化論』（ＮＨＫ出版、２０２０年７月）

●バーバラ・J・キング著／須部宗生訳『私たちが食べる動物の命と心』（緑書房、2020年3月）

●生田目康道著『「獣医師企業家」と「プリモ動物病院」の挑戦　QAL経営――人と動物の幸せを創造する』（ダイヤモンド社、2022年4月）

●鵜飼秀徳著『ペットと葬式――日本人の供養心をさぐる』（朝日新聞出版、2018年10月）

●矢崎節夫著『みすゞコスモス――わが内なる宇宙』（JULA出版局、1996年12月）

●土家由岐雄著／武部本一郎絵『かわいそうなぞう』（金の星社、1970年8月）

●たなべまもる著／かじあゆた絵『そして、トンキーもしんだ』（国土社、1982年11月）

●『ニュートン別冊　時間とは何か　改訂第3版』（ニュートンプレス、2022年7月）

# あとがき

真宗興正派で毎月発行している『宗報』に法話を掲載していただけることになり、どのようなことを書けばよいのかと悩みました。法話というと難しい仏教用語がたくさん出てきそうなイメージがありますが、私は誰にとっても読みやすい、手に取っていただきやすいものが書きたいと思いました。そんな思いから、獣医学を学んだ自分にしか書くことのできない、自分にとっての仏教のはなしについて書きたいと考え連載してきました。この法話集はその連載に若干の加筆修正を施してまとめたものです。

何かに興味を持って学ぼうとするとき、その入り口はたくさんあります。仏教を学ぼうとするときもまた同じだろうと思います。私の場合、仏教を学ぶ際に、獣医学のこれまでの学びが大いに助けとなり、その入り口を広げてくれました。私にとって難しかった仏教の言葉も、動物たちのこのような行動が仏教のこのような点にとてもよく似ているなぁなどと考えながら理解していきました。例えば、ウシのモグモグタイムは仏教のお聴聞の姿勢に似ているなぁだとか、家猫のしらたまの柔軟性は仏教の柔軟心のヒントになるかもしれない、といった具合です。

みなさんにも大好きなもの、興味のあることなどがたくさんあると思います。手に取っていただいたこの法話集が、みなさんの興味のあるものと仏教をつなげる懸け橋に少しでもなればありがたいと思っています。そしてできることならば、私たちと共に生きる多くのいのちに向きあい、考えるきっかけにわずかにでもなれば、これほど嬉しいことはありません。

最後になりましたが、多くの方々に支えられ、学びをいただきながら法話の連載を続けてくることができました。何を書いていいかわからず頭を抱えているときには、ロクとハルとしらたまが、傍らで励ましてくれました。編集を担当してくださった法藏館の上山靖子様には多くのご指導をいただきました。お聖教の訳文については、浄土真宗本願寺派総合研究所編「現代語版シリーズ」を参考にいたしました。改めてすべてのご縁に心より感謝申し上げます。

二〇二三年三月

華園真慶

**華園真慶**
（はなぞのしんきょう）


略歴

平成 5年（1993）11月26日　京都生まれ
平成14年（2002）11月　得度
平成24年（2012）3月　京都女子高等学校卒業
平成29年（2017）3月　日本獣医生命科学大学卒業
4月1日　嗣法就任
令和 4年（2022）4月1日　霊山本廟寺務長代理

# 生《い》きものたちと仏教《ぶっきょう》のはなし


二〇二三年 四 月一九日　初版第一刷発行
二〇二三年一一月二六日　初版第二刷発行

著　者……………華園真慶
発行者……………西村明高
発行所……………株式会社　法藏館
京都市下京区正面通烏丸東入
郵便番号　六〇〇―八一五三
電話　〇七五―三四三―〇〇三〇（編集部）
〇七五―三四三―五六五六（営業部）

イラスト…………髙安恭ノ介
造　本……………上野かおる
印刷・製本………中村印刷株式会社




ISBN978-4-8318-2460-8 C0015